Vorwort

Wenn die Nächte länger werden und es draußen langsam
dunkler wird, wissen wir, dass die Herbstzeit in
Anmarsch ist. Wie könnte man diese Zeit besser und
sinnvoller nutzen, als mit dem neuen Thermomix TM5
tolle Gerichte zu kreieren? Ich freue mich sehr darüber,
Ihnen meine Rezepte nahe bringen zu dürfen.
Viel Spaß beim Nachzaubern.

Inhaltsverzeichnis

Kürbis Kokos Konfitüre
Marzipanaufstrich
Schoko Nuss Aufstrich
Pflaumenkompott
Holunder Likör
Eierpunsch
Apfeltee Pulver
Pflaumentee Pulver
Gebrannte Haselnüsse
Haselnusspudding
Herbst Müsli

Nachtrag zum Impressum
Copyright / Bilderquellen

Kürbiskernbrot

Zutaten
450 g Dinkelmehl
1 Päckchen Hefe
1 TL Salz
150 g Kürbiskerne
350 g Wasser lauwarm
1 TL Zucker
40 g Kürbiskernöl
1 Prise Muskat

Zubereitung
Das Wasser mit der Hefe und den Zucker in den Mixtopf geben und auf Stufe 4/ 30 Sekunden mischen. Nun die übrigen Zutaten hinzufügen. Auf Teigstufe 2 Minuten durchkneten. Eine Brotbackform einfetten und den Teig hinein geben. Eventuell noch mit ein paar Körnern bestreuen. Etwa eine Stunde bei 180 Grad backen.

Hefezopf

Zutaten
Teig
500 g Mehl
300g Wasser, handwarm
1 Würfel Hefe
80 g Zucker
3 Eier
60 g Butter
100 g Rosinen

Belag
50 g Hagelzucker
etwas Milch

Zubereitung
Alle Zutaten für den Teig in den Mixbecher geben und
auf Teigstufe 2 Minuten kneten. Aus den Mixtopf
nehmen und an einen warmen Ort 1 Stunde gehen lassen.
In drei Teilen schneiden und einen Zopf daraus formen.
Nochmals 20 Minuten gehen lassen. Mit etwas Milch
bestreiche und mit dem Zucker dekorieren. Etwa 40
Minuten bei 200 Grad backen.

Laugenstangen

Zutaten

Teig
500 g Mehl
300 g Wasser
1/2 Würfel Hefe
1 TL Salz
30 g Butter

Lauge
50 g Natron
1 Liter Wasser

Zubereitung
Das Wasser mit dem Natron in einen Topf geben und
zum Kochen bringen.
Alle Teigzutaten in den Mixtopf geben und auf Teigstufe
2 Minuten kneten. Den Teig aus den Mixtopf nehmen
und 30 Minuten gehen lassen. Aus dem Teig Stangen
formen und für 1 Minute in die Lauge geben. Auf ein mit
Backpapier belegtes Blech geben und bei 200 Grad ca.
20 Minuten backen. Sie können die Stangen natürlich
auch mit Käse oder anderen Lebensmitteln bestreuen.

Haselnuss Kokos Makronen

Zutaten
4 Eiweiße
300 g Zucker
1 Pck. Vanillezucker
150 g Haselnüsse, gemahlen
200 g Kokosraspel
1 TL Kakao

Zubereitung
Die Eiweiße in den Mixtopf geben. Schmetterling
einsetzen und ca. 4 Minuten auf Stufe 4 steif schlagen.
Die übrigen Zutaten einwiegen und auf Stufe 2 / 20
Sekunden mischen. Ein Backblech mit Backpapier
auskleiden und den Teig löffelweise auf das Blech geben.
Ca. 20 Minuten bei 200 Grad backen.

Kürbisplätzchen

Zutaten
120 g Walnüsse gemahlen
220 g Kürbisfleisch
450 g Mehl
1 TL Backpulver
1 TL Zimt
220 g Butter
220 g Zucker
1 Ei
1 Pck. Vanillezucker

Zubereitung
Alle Zutaten in den Mixtopf geben und auf Stufe 5/ 30
Sekunden mixen. Dann auf Teigstufe 2 Minuten kneten.
Nochmals 1 Minute auf Stufe 5, damit das Kürbisfleisch
auch schön fein ist. Ein Backblech mit Backpapier
auskleiden. Mit dem Löffel Teighäufchen aufs
Backpapier geben und platt drücken. Bei 180 Grad ca. 18
Minuten backen.

Schoko Walnuss Muffins

Zutaten
200 g Butter
150 g Schokolade zerkleinert
200 g Zucker
50 g Zucker braun
1 Pck. Backpulver
4 Eier
1 Pck. Vanillezucker
200 g Mehl
1 EL Kakaopulver
150 g Walnüsse gehackt
1 Prise Zimt
100 g Milch

Zubereitung
Alle Zutaten in den Mixtopf geben und auf Stufe 5/ 50
Sekunden mixen. Ein Muffinblech mit Papierformen
auskleiden und zu einem Drittel mit Teig füllen. Bei 200
Grad ca. 18 bis 20 Minuten backen.

Pflaumen Streuselkuchen

Zutaten

220 g Mehl
150 g Zucker
1 Pck. Vanillezucker
1 Ei
450 g Mehl
1 Pck. Backpulver
1 Prise Zimt
800 g Pflaumen entsteint

Zubereitung
Die Pflaumen in den Mixtopf geben und auf Stufe 4/ 15
Sekunden zerkleinern. Umfüllen.
Die übrigen Zutaten in den Mixtopf geben und zu
Streuseln verarbeiten, indem man den Thermomix auf
Teigstufe 1 Minute alles verkneten lässt. Zwei Drittel der
Streusel in eine Springform fest andrücken. Die
Pflaumenmasse darauf verteilen. Die übrigen Streusel
über den Kuchen streuen. Ca. 50 Minuten bei 180 Grad
backen.

Birnen Gugelhupf

Zutaten
100 g Haselnüsse, gemahlen
100 g Schokostreusel
200 g Birnen in Stücken
120 g Butter
5 Eier
1 Pck. Backpulver
130 g Mehl
1 Prise Zimt
1 Prise Muskat
200 g Milch
150 g Zucker

Zubereitung
Die Birnen in den Mixtopf geben und 15 Sekunden/ Stufe 5 zerkleinern. Nun die übrigen Zutaten hinzugeben und 50 Sekunden auf Stufe 5 verrühren. Eine Gugelhupfform einfetten und den Teig hineinfüllen. Bei 180 Grad ca. 1 Stunde backen.

Pflaumen Walnuss Gugelhupf

Zutaten
100 g Walnüsse, gemahlen
100 g Schokostreusel
200 g Pflaumen in Stücken
120 g Butter
5 Eier
1 Pck. Backpulver
130 g Mehl
1 Prise Zimt
1 Prise Muskat
200 g Milch
150 g Zucker

Zubereitung
Die Pflaumen in den Mixtopf geben und 15 Sekunden/
Stufe 5 zerkleinern. Nun die übrigen Zutaten hinzugeben
und 50 Sekunden auf Stufe 5 verrühren. Eine
Gugelhupfform einfetten und den Teig hineinfüllen. Bei
180 Grad ca. 1 Stunde backen.

Apfel Zimt Gugelhupf

Zutaten
100 g Mandeln, gemahlen
100 g Schokostreusel
200 g Äpfel in Stücken
120 g Butter
5 Eier
1 Pck. Backpulver
130 g Mehl
1 TL Zimt
1 Prise Muskat
200 g Milch
150 g Zucker

Zubereitung
Die Äpfel in den Mixtopf geben und 15 Sekunden/ Stufe
5 zerkleinern. Nun die übrigen Zutaten hinzugeben und
50 Sekunden auf Stufe 5 verrühren. Eine Gugelhupfform
einfetten und den Teig hineinfüllen. Bei 180 Grad ca. 1
Stunde backen.

18

Zwiebelkuchen

Zutaten
Teig
150 g Butter
100 g Wasser
1 TL Salz
300 g Mehl

Belag
500 g Zwiebeln in Scheiben
40 g Öl
250 g Speckwürfel
3 Eier
1 Becher Saure Sahne
500 g Milch
3 EL Mehl
Salz, Pfeffer, Muskat

Zubereitung
Die Teigzutaten in den Mixtopf geben und auf Teigstufe
2 Minuten kneten. Eine Kuchen oder Quiche Form
ausfetten und den Teig hineindrücken. An den Rändern
den Teig etwas hochziehen.
10 g Öl in den Mixtopf geben und den Speck hinzufügen.
2 Minuten / Varoma/ 120 Grad/ Stufe 1.
Nun das restliche Öl und die Zwiebeln hinzugeben. Bei
120 Grad/ Varomastufe/ Stufe 1/ 5 Minuten brutzeln.
Nun die übrigen Zutaten in den Mixtopf geben und auf
Stufe 5/ 15 Sekunden mischen. Auf den Teig geben und
ca. 50 Minuten bei 180 Grad backen.

Flammkuchen

Zutaten
Teig

300 g Mehl
80 g Knoblauchbutter
80 g Milch
1/2 TL Salz
1/2 Würfel Hefe

Füllung

3 Zwiebeln in Ringen
250 g magerer Speck
250 g Speisequark
125 g Schmand
Salz, Pfeffer, Muskatnuss

Zubereitung
Alle Teigzutaten in den Mixtopf geben und 1 Minute auf
Teigstufe kneten. In eine Schüssel umfüllen und 1 Stunde
ruhen lassen. Auf ein mit Backpapier ausgelegtes Blech
austollen. Quark, Schmand und Gewürze verrühren und
auf den Teig streichen. Zwiebeln und Speck darauf
verteilen. Ca. 20 - 25 Minuten im Backofen bei 180 Grad
kross backen.

Quark Puffer

Zutaten
250 g Quark
60 g Mehl
2 Eier
50 g Zucker
1 Pck. Vanillezucker
1 Prise Zimt
Öl zum ausbacken

Zubereitung
Alle Zutaten in den Mixtopf geben und auf Stufe 5/ 1
Minute mixen.
Etwas Öl in eine Pfanne geben und heiß werden lassen.
Die Puffer nach und nach ausbacken.

Blaubeere Ricotta Pfannkuchen

Zutaten
300 g Mehl
1 TL Backpulver
1 Pck. Vanillezucker
1 Prise Salz
4 EL braunen Zucker
4 Eier
280 g Milch
100 g Butter
240 g Ricotta
250 g Blaubeeren

Zubereitung
Alle Zutaten außer den Blaubeeren in den Mixtopf geben
und 1 Minute/ Stufe 5 vermischen. In einer Pfanne öl
erhitzen. Etwas Teig hinein geben und mit Blaubeeren
bestreuen. Wenden und genießen.

Pilz Risotto

Zutaten
1 Porreestange
30 g Olivenöl
60 g Butter
250 g Risotto Reis
700 g Gemüsebrühe
300 g Weißwein
70 g Parmesan
250 g Champignons frisch

Zubereitung
Den Mixtopf auf Stufe 5 stellen und den Messbecher
entfernen. Den Parmesan ins laufende Messer fallen
lassen und ca. 5 Sekunden zerkleinern. Umfüllen. Porree
grob zerkleinern und in den Mixtopf geben. Auf Stufe 5/
5 Sekunden zerkleinern. Olivenöl und Butter zugeben
und 5 Minuten/ 120 Grad/ Stufe 1 anbrutzeln. Den Reis
hinzugeben und 3 Minuten/ Stufe 1/ 120 Grad dünsten.
Die übrigen Zutaten hinzugeben und ca. 20 Minuten/ 100
Grad/ Stufe 1, bis der Reis die richtige Konsistenz hat.
Guten Appetit.

Cremige Kürbissuppe

Zutaten
1 Hokkaido in Stücken
600 g Wasser
2 Karotten in Stücken
4 Kartoffeln in Stücken
40 g Butter
200 g Sahne
etwas Brühepulver
nach Geschmack
Salz
Pfeffer
Muskat
1 zerdrückte Knoblauchzehe

Zubereitung
Alle Zutaten, außer die Sahne, in den Mixtopf geben und bei 100 Grad/ Stufe 1/ 18 Minuten kochen. Auf Stufe 5/ 1 Minute pürieren. Die Sahne einfüllen und nochmals 15 Sekunden/ Stufe 5. Eventuell nochmals nachwürzen. Guten Appetit.

Pastinakensuppe

Zutaten

1 Zwiebel, geschält
250 g Pastinaken, geschält, in Stücken
100 g Möhren, in Stücken
30 g Öl
300 g heiße Gemüsebrühe
100 g Creme fraiche
Salz, Muskat und Pfeffer, nach Geschmack
Prise Piment gemahlen

Zubereitung
Den Mixtopf auf Stufe 5 Stellen und den Messbecher
entfernen. Die Zwiebel ins offene Messer fallen lassen.
Grob 5 Sekunden zerkleinern. Das Öl hinzufügen und auf
Stufe 1/ 100 Grad/ 2 Minuten andünsten. Die übrigen
Zutaten in den Mixtopf geben und auf Stufe 5/ 30
Sekunden zerkleinern. Bei 100 Grad/ Stufe 1/ 18 Minuten
kochen und genießen.

Gulaschsuppe

Zubereitung
2 Zwiebeln in Ringen
40 g Erdnussöl
400 g Rindergulasch gewürfelt
750 g Brühe
200 g Rotwein, trocken
Salz, Pfeffer, Paprika Rosenscharf nach Geschmack
1 TL Kümmel
1 zerdrückte Knoblauchzehe
250 g Tomaten aus der Dose in Stücken
1 Schote gelber Paprika
300 g Kartoffeln in Würfeln

Zubereitung
Das Öl in den Mixtopf geben und 30 Sekunden/ Stufe 1/ 120 Grad erwärmen. Nun die Zwiebeln hinzufügen und 3 Minuten/ 120 Grad/ Stufe 1. Jetzt das Gulasch hinzugeben und 5 Minuten/ 120 Grad/ Stufe 1. Die übrigen Zutaten in den Topf einwiegen und 70 Minuten/ 100 Grad/ Stufe 1. Guten Appetit.

Süßkartoffeln Möhrensuppe

Zutaten
1 Zwiebel in Stücken
30 g Öl
200 g Möhren, geschält und in Stücken
200 g Süßkartoffeln, in Stücken
500 g Wasser
3 TL Gemüsebrühe
100 g Crème fraîche
1 Chilischote, getrocknet
Salz, Pfeffer
Muskat

Zubereitung
Das Öl in den Mixtopf geben und 30 Sekunden/ Stufe 1/ 120 Grad erwärmen. Die Zwiebel hinein geben und 2 Minuten/ Stufe 1/ 120 Grad. Nun die übrigen Zutaten außer Crème fraîche hinein geben und 20 Minuten/ 100 Grad/ Stufe 2. Alles auf Stufe 5/1 Minute pürieren. Nun Crème fraîche hinzugeben und nochmals 15 Sekunden/ Stufe 5. Sie können die Suppe genießen.

Wirsingsalat

Zutaten
1 Bund Schnittlauch
1 Stück Zwiebel, rot - für die Optik
300 g Wirsing, in Stücken
250 g Apfel, geviertelt
100 g saure Sahne
2 TL Senf
1/2 TL Salz
3 TL Zucker

Zubereitung
Schnittlauch und Zwiebel in den Mixtopf geben und 12
Sekunden/ Stufe 5 zerkleinern. Die übrigen Zutaten
hinzugeben und 6 Sekunden/ Stufe 5 zerkleinern. Der
Salat kann in eine Schüssel umgefüllt und verzehrt
werden.

Herbstmarmelade

Zutaten
400 g Äpfel in Stücken
400 g Kürbis in Würfeln
250 g Orangensaft
Schale einer Bio Zitrone gerieben
500 g Gelierzucker 2:1
1 Prise Muskat

Zubereitung
Alles zusammen in den Mixtopf geben und auf Stufe 5 /
30 Sekunden vermischen. Auf Stufe 1/ 100 Grad/ 18
Minuten köcheln. In saubere Gläser abfüllen.

Weintraubengelee

Zutaten
500 g Gelierzucker 2:1
1300 g Weintrauben
Saft einer Zitrone

Zubereitung
Alles in den Mixtopf geben und auf Stufe 1/ 18 Minuten/
100 Grad kochen. Gelierprobe durchführen. Abfüllen.

Weißweingelee

Zutaten

700 g Weißwein
500 g Gelierzucker 2 plus 1
50 g Zitronensaft

Zubereitung
Alles in den Mixtopf geben und bei 100 Grad/ 14
Minuten/ Stufe 1 erhitzen. Gelierprobe machen.
Umfüllen.

Kürbis Kokos Konfitüre

Zutaten
1000 g Kürbisfleisch in Stücken
Saft einer Zitrone
500 g Gelierzucker 2:1
1 Dose Kokosmilch

Zubereitung
Alle Zutaten in den Mixtopf geben und auf Stufe 5/ 30
Sekunden zerkleinern. Nun auf Stufe 1/ 18 Minuten/ 100
Grad kochen. Gelierprobe machen. In Gläsern umfüllen.

Marzipanaufstrich

Zutaten
250 g Marzipanrohmasse
80 g Butter, weich
50 g Sahne
30 g Rum

Zubereitung
Alle Zutaten in den Mixtopf geben und 1 Minute/ Stufe 5
mischen. In Gläsern abfüllen und im Kühlschrank
aufbewahren.

Schoko Nuss Aufstrich

Zutaten
150 g Haselnüsse
200 g Butter, weich
30 g Backkakao
100 g Honig
1 Prise Zimt

Zubereitung
Alle Zutaten in den Mixtopf geben und 1 Minute/ Stufe 5
mischen. In Gläsern abfüllen und im Kühlschrank
aufbewahren.

Pflaumenkompott

Zutaten
600 g Pflaumen halbiert und entkernt
50 g Zucker
Zimt, nach Geschmack
1 Pck. Vanillezucker
100 g Orangensaft
2 TL Speisestärke
1 EL Wasser

Zubereitung
Zucker und Orangensaft in den Topf geben und 3
Minuten/ Stufe 1/ 100 Grad erwärmen. Die übrigen
Zutaten außer Wasser und Speisestärke hinzugeben und 6
Minuten/ Stufe 1/ 100 Grad erhitzen. Die Speisestärke
mit dem Wasser erhitzen und hinzugeben. Nochmals 2
Minuten/ Stufe 1/ 80 Grad.

Holunder Likör

Zutaten

1 Liter Holundersaft
400 g Zucker
2 Pck. Vanillezucker
400 g Brauner Rum 54%

Zubereitung
Alle Zutaten außer dem Rum in den Mixtopf geben. Auf
Stufe 5/ 15 Sekunden verrühren. Auf Stufe 1 / 100 Grad/
15 Minuten erhitzen. Abkühlen lassen und dann den Rum
untermischen. Gut durchziehen lassen und genießen.

Eierpunsch

Zutaten
100 g Zucker
100 g Wasser
Saft einer Zitrone
400 g Weißwein trocken
3 Eier

Zubereitung
Alle Zutaten in den Mixtopf geben und 8 Minuten/ Stufe
4/ 80 Grad erwärmen. Umfüllen und genießen.

Apfeltee Pulver

Zutaten
1000 g Äpfel entkernt
120 g Zucker
1 Prise Zimt
1 Pck. Vanillezucker

Zubereitung
Die Äpfel und die übrigen Zutaten in den Mixtopf geben.
Auf Stufe 5/ 1 Minute zerkleinern. Die Masse in den
Mixtopf geben und mindestens 12 Stunden trocknen. Die
getrocknete Masse wieder in den Mixtopf geben und auf
Stufe 10/ 1 Minute pulverisieren.

Pflaumentee Pulver

Zutaten
1000 g Pflaumen entsteint
120 g Zucker
1 Prise Zimt
1 Pck. Vanillezucker

Zubereitung
Die Pflaumen und die übrigen Zutaten in den Mixtopf
geben. Auf Stufe 5/ 1 Minute zerkleinern. Die Masse in
den Mixtopf geben und mindestens 12 Stunden trocknen.
Die getrocknete Masse wieder in den Mixtopf geben und
auf Stufe 10/ 1 Minute pulverisieren.

Gebrannte Haselnüsse

Zutaten
250 g Haselnüsse
100 g Zucker
1 TL Zimt
10 g Wasser

Zubereitung
Alle Zutaten in den Mixtopf geben und 10 Minuten/
Stufe 1/ 100 Grad. Ein Backblech mit Backpapier
auslegen und die Nüsse darauf schütten. Ca. 15 Minuten
bei 200 Grad im Ofen backen.

Haselnusspudding

Zutaten
500 g Milch
1 Eigelb
60 g Zucker
70 g Haselnüsse gemahlen
40 g Speisestärke
eine Prise Zimt
1 Pck. Vanillezucker

Zubereitung
Alle Zutaten zusammen in den Mixtopf geben und bei 90 Grad
auf Stufe 1/ 9 Minuten erhitzen. Fertig ist der Pudding.

Herbst Müsli

Zutaten
300 g Haferfocken
1 EL Leinsamen
50 g Sonnenblumenkerne
200 g Nussmischung
40 g brauner Zucker
20 g Kokosflocken
80 g Kokosöl
50 g Honig

Zubereitung
Das Kokosöl in den Mixtopf auf Stufe 1/ 120 Grad/ 2
Minuten erhitzen. Den Honig hinein geben und bei 120
Grad/ Stufe 1/ 1 Minute auflösen. Die übrigen Zutaten
hinzugeben und auf Stufe 1/ 20 Sekunden verrühren. Ein
Backblech mit Backpapier auskleiden und die Mischung
auf das Blech schütten. Bei 200 Grad ca. 10 Minuten
backen. Alles wenden und nochmals 5 Minuten bei 150
Grad nachbacken.

Nachtrag zum Impressum

Copyright / Bilder

Fotolia.com
- emmi
- Harald Biebel
- AR
- Corinna Gissemann
- Diana Vyshiakova
- Barbara Pheby
- Yevgenya Shal
- Maren Wischnewsky
- Yvonne Bogdansky
- Nickola che
- Viktorija
- Darius Dzinnik
- al 62
- Kristina Rütten

FSC
www.fsc.org
MIX
Papier aus ver-
antwortungsvollen
Quellen
Paper from
responsible sources
FSC® C105338

Herstellung und Verlag:
BoD - Books on Demand, Norderstedt
ISBN 978-3-7357-5154-6